NUMEROLOGIE
und
Engelszahlen

für Anfänger

Die geheime Sprache des Universums –
Entdecke die verborgenen Botschaften
der Zahlen und deren Bedeutung
und Wirkung auf dein Leben

Martina Hutter

Bibliografische Information der Deutschen Nationalbibliothek.

Die Deutsche Nationalbibliothek verzeichnet diese Publikation in der Deutschen Nationalbibliografie; detaillierte bibliografische Daten sind im Internet über http://dnb.dnb.de abrufbar.

Für Fragen und Anregungen:
info@eulogiaverlag.de

ISBN Print: 978-3-96967-323-2
ISBN E-Book: 978-3-96967-324-9

Originale Erstausgabe 2023

Eulogia Verlags GmbH
Gänsemarkt 43
20354 Hamburg

Lektorat: Ramon Thorwirth
Satz und Layout: Tomasz Dębowski
Umschlaggestaltung: Aleksandar Petrović

NUMEROLOGIE

und

Engelszahlen

für Anfänger

Die geheime Sprache des Universums –
Entdecke die verborgenen Botschaften
der Zahlen und deren Bedeutung
und Wirkung auf dein Leben

EULOGIA
VERLAG

Inhaltsverzeichnis

Lieber Wegbeschreiter / liebe Wegbeschreiterin,

ich freue mich darüber, dass dich die Zahlen dazu inspiriert haben, mit Ihnen auf eine erneute Entdeckungsreise zu gehen. Nun kennst du vielleicht schon die Entdeckungsreise der 7 Gesetze des Universums.

Diese Reise ist ähnlich, nur dass wir uns gezielt auf die Zahlen fokussieren.

Nun wird es dir vielleicht schon öfter passiert sein, dass du Zahlen häufig gesehen hast, vor allem Doppelzahlen sind sehr beliebt, oder dass dich eine Zahl ganz besonders anspricht. Es gibt viele Möglichkeiten.

Wenn dich Doppelzahlen verfolgen oder Zahlen, die wiederholt auftreten, ist das eine Art und Weise, wie die geistige Welt / die Lichtwesen / Engel sowie auch Außerirdische versuchen, dich zu kontaktieren. Denn sie versuchen, dir mithilfe der Zahlen eine Botschaft zu übermitteln.

Manchmal ist es schwierig, die Botschaften der Engel beziehungsweise Wesenheiten richtig zu deuten oder zu entziffern. Ich kann dir vorab schon einmal sagen, dass es ihnen hierbei gar nicht um richtig oder falsch geht, sondern vielmehr wollen sie einfach nur deine Aufmerksamkeit.

Mit diesem Buch möchte ich dir einen Leitfaden geben, wie du in Zukunft auf Zahlen in deiner Umgebung reagieren könntest. Dazu möchte ich dir eine Übersetzungshilfe geben, sodass die Botschaften dich leichter erreichen können und du dementsprechend reagieren kannst.

Wie in jedem meiner Bücher möchte ich herzlichst in die Freude und Leichtigkeit einladen. Denk daran, während des Lesens, die Schwingung der Freude anzunehmen, denn so kannst du dich ganz spielerisch für das Thema öffnen, sodass neue Informationen in deinem Energiefeld aktiviert werden können. Dies hat zur Folge, dass dich die Wesenheit noch leichter erreichen können und du sie noch besser verstehen kannst.

Vorwort

Ich habe bereits vieles über Numerologie gelesen und viele Informationen auf anderen Ebenen erhalten. Numerologie ist eine Möglichkeit, der Mystik des Lebens tiefer auf den Grund zu gehen.

Numerologie wird bei vielen mit Schicksalszahl, Herzzahl und Namenszahl in Zusammenhang gebracht. Jedoch werde ich hier ein bisschen anders vorgehen, da ich mich hier vermehrt auf die Umsetzung fokussieren möchte. Sehr lange sind mir Doppelzahlen begegnet oder bestimmte Zahlenreihen, die ich nicht zuordnen konnte. So begann meine Reise in das Land der Numerologie. Intensiv habe ich mich damit befasst, um nun das Wissen zu vermitteln, welches ich erlangen konnte.

Was ist Numerologie und wie kann man sie herzbasiert verstehen?

Bevor wir uns auf die Reise in das Land der Zahlen begeben, möchte ich mit dir eine kleine Übung machen, damit du ein Gefühl für Zahlen bekommst.

Ist dir schon einmal aufgefallen, dass wir Zahlen größtenteils nur mit dem Kopf fassen. Wir rechnen mit Zahlen. Wir geben Hausnummern Zahlen. Wir geben größtenteils sogar Menschen Zahlen, aber haben wir überhaupt ein Gefühl für ihre Qualität?

Genau zu diesem Gefühl möchte ich dir mit dieser Übung verhelfen.

Ich bitte dich nun darum, eine bequeme Haltung einzunehmen und daraufhin deine Augen zu schließen. Während du deine Augen geschlossen hältst, bitte ich dich zunächst, dich als Miniaturausgabe vorzustellen, die im dritten Auge steht. Das dritte Auge befindet sich mittig oberhalb deiner Augenbrauen. Stell dir weiterhin vor, wie diese Miniaturausgabe diesen Raum verlässt und zum Herz hinabsteigt. Was kannst du beobachten? Kannst du eine Tür erkennen oder ist dein Herz bereits geöffnet? Wenn sich vor deinem Herz eine Tür befindet, dann öffne sie gerne. Erlaube dir nun, dich für die Welt der Zahlen zu öffnen, sodass nun neue Informationen aktiviert werden können.

Sprich: Ich öffne mich weit für die Welt der Zahlen. Jetzt.

Sollte das für dich noch nicht machbar sein, dann meditiere vielleicht wie gewohnt und versuche daraufhin, diese Übung nochmal durchzuführen. Nun darfst du dir vorstellen, wie deine Miniaturausgabe eine Zahl in den Händen hält.

Daraufhin bitte ich dich darum, in diese Zahl hineinzufühlen. Erlaube dir gerne, diese Zahl zu fühlen. Wie fühlt sich diese Zahl an? Wie reagiert dein Körper darauf? Kannst du irgendwelche Farben sehen? Kannst du noch andere Zahlen sehen, die sich anschließen möchten? Oder kannst du irgendwelche Wörter erkennen, die mit dieser Zahl kommen? Diese Wörter würden dann der Qualität dieser Zahl entsprechen. Mehr dazu gibt es später.

Wiederhole diese Übung gerne, bis du ein Gefühl für Zahlen entwickelt hast.

Diese Übung dient auch dazu, ein tiefes herzbasiertes Verständnis gegenüber den Botschaften, die dir die Engel / Wesenheiten zukommen lassen, zu erlangen.

Hinweis:

Hier geht es nicht um falsch oder richtig. Hier geht es einfach nur um das, was du fühlst! Deine Gefühle sind willkommen.

Um was handelt es sich also bei der Numerologie?

Sie gehört nicht nur zu den ältesten Geheimwissenschaften, sondern ermöglicht einen tiefen Einblick in unsere Eigenschaften beziehungsweise Energiequalitäten, Talente, die wir fördern können und unsere Fertigkeiten.

Pythagoras hatte bereits die Erkenntnis, dass alle Systeme auf dem Prinzip der Zahlen basieren. Zahlen durchdringen jede Ebene und es gibt kaum eine Symbolik, hinter der keine Zahl steht. Daraus lässt sich schließen, dass Numerologie eine Art Lehre der Zahlensymbolik ist. Hierbei haben Zahlen also eine symbolische Funktion. Oft gehen wir blind durch die Welt, weil wir vergessen haben, uns für die Welt der Symbolik zu öffnen. Wo auch immer du hinsehen magst, du wirst immer ein Symbol entdecken und sei es eine Blume, die 4 Blütenblätter hat, worin wieder eine Zahl enthalten ist und somit auch eine Symbolik.

Zahlen haben schon immer unterschiedlichen Zwecken gedient. Entweder zur Auflistung, zur Berechnung oder auch zur Aufzählung.

Über dieses Wort gelange ich zu einem anderen Wort und zwar „erzählen", worin sich wieder die Zahl verbirgt. Zahlen erzählen also.

Ein ganz besonderer Mathematiker und griechischer Gelehrte namens Pythagoras entdeckte für sich, dass die Grundlage des Universums Zahlen waren. Zahlen durchdringen alles und man könnte schon fast meinen, dass die Kraft der Zahlen die Konstruktionen bauen oder gar die Welt. Alles hat Winkel, Länge, Breite (...) Es gibt kaum etwas, was nicht von der Kraft der Zahl durchdrungen wird. Pythagoras studierte die kosmische Ordnung auf bestimmte Zahlenverhältnisse hin. Außerdem erforschte er die Zahlenmystik der alten Hochkulturen. Sowohl bei den Maya, den Babyloniern wie auch bei den Ägyptern war diese Mystik ein großer Bestandteil dieser Kultur.

Pythagoras reiste in verschiedene Länder unter anderem Ägypten, Persien, Judäa und wurde dort in die Lehre der Astronomie, in die Naturlehren und in die jüdische Kabbala eingeweiht.

Pythagoras lehrte viele Schüler. Er vertrat die Ansicht, dass das Lehren dem Zweck der Heilung diente und die Zahlen den Menschen dazu verhelfen, den Prozess der Seelenheilung zu betreten.

Pythagoras war ein großartiger Lehrer, der verstand, wie man anhand der Zahlen der göttlichen Lehre näherkommt und die universalen kosmischen Gesetze wiederentdeckt, versteht und umsetzt.

Zahlen sind also nicht nur mit dem Kopf zu verstehen, sondern als Teil des Universums als Grundgerüst. Sie bauen, sie erzählen Geschichten, sie sind Wesenheiten, die alles durchdringen und mit ihrer Kraft erschaffen sie. Nicht umsonst haben wir ein Geburtsdatum, auch wenn wir schon davor erschaffen wurden, tragen wir mithilfe des Geburtsdatums die Kraft der Zahlen, die uns erschaffen haben, die uns prägen, die unser ganzes Sein durchdringen.

Meine Philosophie ist dazu, dass trotz Geburtsdatum alle Zahlen in uns integriert werden können, wenn wir sie im Herzen angenommen haben, ein tiefes Verständnis für sie aufgebracht haben und sie als Wesenheiten anerkennen, die Eigenschaften mit sich tragen sowie Stärken und Schwächen. Das hängt auch mit den Zahlen zusammen.

Hinweis:

Wenn ich von Stärke spreche, dann meine ich das nicht so, wie das in unsere Gesellschaft etabliert wurde, sondern viel mehr als Eigenschaft, die gut und schlecht sein kann, genauso wie die Schwäche.

Stärke bedeutet nichts anderes als, da ist mehr Kraft integriert als in der Schwäche. Verletzlichkeit kann als Schwäche gelten, der man nur Negatives zusagt und sie somit in ihrer Kraft schwächt. Verletzlichkeit kann aber auch eine Stärke sein, wenn man sie als solche anerkennt. Also liegt es immer an der Person, die ihren Eigenschaften entweder Kraft gibt oder ihnen Kraft entzieht.

Was bedeutet für dich Schwäche? Was bedeutet für dich Stärke?

Meine Schwäche ist Bürokratie. Aber ich lege meine Kraft auch nicht in dieses Thema beziehungsweise in diesen Bereich. Deswegen ist es nicht schlecht, sondern es ist einfach.

Insgesamt geht es also in der Numerologie um die Symbolik hinter den Zahlen.

Hinter allem steckt ein göttlicher Wille, der in der Vollkommenheit liegt. Bei unserer Existenz geht es darum, unsere Gedanken und Gefühle so zu nutzen, dass sie dem göttlichen Willen mit Freude dienen. Da gilt es wiederum zu unterscheiden, ob der Wille, der sich nun durch dich ausdrücken möchte, göttlich ist oder auf deinem Egokonstrukt basiert.

Dein Egokonstrukt besteht, wie du bestimmt schon weißt, aus Kindheitsprägungen (Glaubenssätze, Traumata, Ängste, Schutzprogramme).

Um das herauszufinden, gibt es eine ganz einfache Übung, die du in all deine Alltagsentscheidungen integrieren kannst.

Diese Übung machst du am besten an einem stillen Ort, an dem du nur für dich sein kannst. Diese Übung ähnelt der ersten.

Ich bitte dich nun darum, eine bequeme Haltung einzunehmen und daraufhin deine Augen zu schließen. Während du deine Augen geschlossen hältst, bitte ich dich zunächst, dich als Miniaturausgabe vorzustellen, die im dritten Auge steht. Das dritte Auge befindet sich mittig oberhalb deiner Augenbrauen. Stell dir weiterhin vor, wie diese Miniaturausgabe diesen Raum verlässt und zum Herz hinabsteigt. Was kannst du beobachten? Kannst du eine Tür erkennen oder ist dein Herz bereits geöffnet? Wenn sich vor deinem Herzen eine Tür befindet, dann öffne sie gerne. Erlaube dir nun, dich für den göttlichen Willen zu öffnen.

Sprich gerne: Ich erlaube mir, mich für den göttlichen Willen zu öffnen. Jetzt.

Daraufhin erzählst du von deiner Situation und fragst, was dem göttlichen Willen entspricht. Am besten „Ja"/„Nein"-Fragen stellen. Das fiel mir persönlich am Anfang am einfachsten.

Dann solltest du mit ein bisschen Übung die Antwort bekommen, die im göttlichen Plan ist.

Solltest du den Zugang noch nicht haben, mache gerne öfter die Herzübung, sodass du wieder ein Gefühl für dein Herz bekommst. Denn bei den Antworten geht es immer um das, was du fühlst, aber nicht um die menschlichen Gefühle, sondern vielmehr um Seelengefühle. Auch wenn Gefühle menschengemacht sind, gibt es dennoch Seelengefühle, die anders gefühlt werden und nicht von deinem Programm abhängig sind. Hierbei geht es vielmehr um die Wahrnehmung. Welche Antwort nimmst du fühlend wahr oder vielleicht siehst du sie auch. Meistens geht die fühlende Wahrnehmung mit dem Sehen einher. Das ist aber nicht immer der Fall.

Hinweis:

Deine Wahrnehmung entspricht deiner Bewusstseinsebene. Je weiter dein Bewusstsein ist, desto mehr nimmst du wahr. Je eingeschränkter dein Bewusstsein ist, desto weniger nimmst du wahr.

Du hast die Möglichkeit, mit all deinen fünf Sinnen (Sehen, Hören, Riechen, Schmecken, Tasten) wahrzunehmen. Du hast aber auch die Möglichkeit, mit deinen anderen Sinnen wahrzunehmen, und zwar mit dienen feinstofflichen Sinnen (Hellsehen, Hellhören, Hellriechen, Hellschmecken, Hellfühlen). Wir tun das alle. Aber die Frage ist, ob wir es bewusst machen oder unbewusst und oft ist unser Bewusstsein noch nicht so weit, dass wir alles über alle Sinne wahrnehmen.

Was ich mit der Wahrnehmung, den menschlichen Gefühlen, Seelen-Geist-Gefühlen und dem Bewusstsein meine, möchte ich dir anhand eines Beispiels näherbringen. Dazu werde ich nun eine Erfahrung mit dir teilen, die ich gemacht habe.

Meine Ex-Freundin hat mich aus ihrer Wohnung geworfen, nachdem mir gekündigt wurde.

Folgende Fragen hatte ich mir gestellt:

Wurde mir gekündigt oder habe ich signalisiert, dass ich möchte, dass mir gekündigt wird. Somit wäre ganz klar, dass ich gekündigt habe, ohne es aktiv getan zu haben. Wenn man aber davon ausgeht, dass wir alle eins sind und durch uns alle die eine Essenz fließt, könnte man sagen, dass mir gekündigt wurde, aber ich gleichzeitig gekündigt habe. Genau das gilt auch für den Rauswurf.

Hat sie mich rausgeworfen oder habe ich mich rausgeworfen? Was habe ich signalisiert, dass ich genau diese Form von Realität mit erschaffen habe? Hinzukommend könnte man auch sagen, dass vereinbart wurde, dass eine Trennung vollzogen wird.

Das ist mit Bewusstseinserweiterung gemeint und anhand des weiten Bewusstseins, erweitert sich auch die Wahrnehmung. Ich habe die Möglichkeit, mich nur für die Wahrnehmung meiner Gefühlswelt zu entscheiden. Ich habe aber auch die Möglichkeit, alles wahrzunehmen, was in meinem Gegenüber vorgeht und wie der das fühlt, was in mir vorgeht (...) Wir haben die Möglichkeit, alles wahrzunehmen, auch Gefühle und Gedanken anderer, die vielleicht in einem anderen Land leben, denn auf der geistigen Ebene gibt es nun mal kein Raum und keine Zeit.

Wenn du selbst Gedanken, Gefühle (...) auf weiter Entfernung wahrnehmen kannst, dann hast du wunderbaren Zugang zur feinstofflichen Ebene. Diesen Zugang kannst du aber auch so haben. Also wie du siehst, kann man das alles nicht auf alles und jeden einzelnen beziehen. Es gibt immer Ausnahmen.

Eine kleine Übung dazu:

Ich bitte dich nun darum, eine bequeme Haltung einzunehmen und daraufhin deine Augen zu schließen. Während du deine Augen geschlossen hältst, bitte ich dich zunächst, dich als

Miniaturausgabe vorzustellen, die im dritten Auge steht. Das dritte Auge befindet sich mittig oberhalb deiner Augenbrauen. Stell dir weiterhin vor, wie diese Miniaturausgabe diesen Raum verlässt und zum Herz hinabsteigt. Was kannst du beobachten? Kannst du eine Tür erkennen oder ist dein Herz bereits geöffnet? Wenn sich vor deinem Herzen eine Tür befindet, dann öffne sie gerne. Such dir nun einen Platz in deinem Herzen und lasse dich nieder. Setze dich entweder hin oder lege dich hin. Was kannst du innerhalb deines Körpers wahrnehmen? Wie reagiert dein Körper darauf? Kannst du vielleicht auch irgendwelche Tiere erkennen? Kommen irgendwelche Farben, die du sehen kannst? Oder vielleicht kommen sogar Zahlen vor, die deine Aufmerksamkeit wollen. Diese Ebene ist eine andere.

Wenn du das nun erfahren hast, möchte ich dir einen Unterschied zeigen.

Ich bitte dich nun darum, aus dieser Erfahrung herauszukommen, deine Augen zu öffnen und dich in die Freude zu begeben. Freue dich. Hüpfe am besten, denn das regt das Gefühl der Freude an. Wie fühlt sich die Freude an und wo fühlst du sie?

Du kannst so Freude auf menschlicher Ebene erfahren. Nun schließe gerne deine Augen und gehe nochmal in dein Herz. Gehe nochmal in das Gefühl der Freude und jetzt bitte ich dich darum, ganz intensiv zu beobachten, wie du sie wahrnimmst. Siehst du Farben, Zahlen oder Worte? Wie nimmst du Freude auf dieser Ebene wahr?

Wenn du also dein Bewusstsein erweiterst und dich für dein ganzes Sein öffnest, dann hast du die Möglichkeit, die verschiedensten Ebenen wahrzunehmen.

So gilt es bei den Zahlen, die Symbolik dahinter wahrzunehmen und nicht die Zahl versuchen, zu begreifen, geschweige denn die

Zahl mit dem Verstand aufzunehmen. Es geht darum, die Schwingung wahrzunehmen und die damit einhergehenden Eigenschaften, die sich aus den Informationen in der Schwingung ergeben.

Inspiration:

Was sind Eigenschaften? „Eigen – schaffen", etwas Eigenes erschaffen oder vielleicht könnte man das auch als eine Art Abkürzung für „Eigentlich – schaffen" sehen. Eigentlich wäre ursprünglich also unser Ursprung erschaffen mithilfe des Ausdrucks unserer Seele.

Unsere individuellen Eigenschaften „ent -wickeln" sich mit der Entwicklung der Verstrickungen und mit unserem Bewusstsein. Also können wir unser „Eigen -(er)" schaffen, wenn wir unser Bewusstsein für unseren Ursprung „ent – wickeln".

Symbole sind die Sprache der Seele und fungieren als Vermittler zwischen allen Ebenen.

Wir sprechen hier aber nicht nur von Bildern, denn Töne und Musik sind ebenfalls Symbole und zwar Klangsymbole. Tiere haben auch eine große Symbolkraft. Alle Krafttiere stehen für Eigenschaften und schwingen in bestimmten Qualitäten. So wie der Marienkäfer in der Energiequalität und der Kraft des Glücks und der Dankbarkeit schwingt, so schwingt der Wolf in der Führungsqualität.

Ja, deine Schwingung kann von Krafttieren, von Zahlen, von allem, beeinflusst werden und dazu muss dein Krafttier oder die Zahle nicht mal in Sichtweite sein. Denn dein Gehirn beziehungsweise dein ganzes System unterscheidet nicht zwischen, ob es nun real stattfindet oder nicht.

Stelle dir gerne einfa h mal einen Löwen oder Wolf oder (...) vor und lasse dieses Tier deinen ineren Körper durchdringen. Lasse dieses Tier wirken und du wirst sehen, wie sich in deinem Inneren etwas neu formt oder gestaltet.

Numerologie ist gefühlt eine Zahlen – Symbol – Sprache, die als Ebenenvermittler fungiert.

Hinweis:

Alles schwingt. Durch alles fließt Energie und alles ist Energie. Symbole, Zahlen, Sprache ist Schwingung.

Die Zahlen und ihre Symbolik

Das Unterbewusstsein drückt sich in Bildern und Symbolen aus und das ist auch der Grund, weshalb man das Unterbewusstsein am besten mit Symbolen und Bildern beeinflusst.

Nun haben wir eine Unterteilung zwischen der grobstofflichen und der feinstofflichen Ebene. Die eine Ebene kann ohne die andere nicht existieren. Um diese Ebenen miteinander zu verbinden, braucht es einen Kommunikationsweg. Ein ganz besonderer Weg besteht aus Zahlen, die wiederum eine gewisse Symbolik beinhalten.

Stell dir vor, du stehst vor einer Übergangsphase. Du schaffst aber einfach nicht den Sprung ins Unbekannte, weil du nicht weißt, wohin dich das alles bringt und ob es überhaupt an der Zeit ist.

Ich durfte feststellen, dass ich oft nicht falsch handeln wollte, da ich Angst vor den Konsequenzen hatte und Angst davor hatte, dass es nicht der richtige Weg war, den ich einschlagen wollte. So viele Ängste waren da, die mich blockierten, den Übergang zu vollziehen. Doch plötzlich fing ich an, die Zahl 1 zu sehen. Wo auch immer ich hinsah, die Zahl begegnete mir sehr oft. Es war nicht so – und das ist etwas, was man falsch verstehen könnte – dass ich aktiv nach der Zahl gesucht habe. Es war vielmehr, dass meine Blicke immer in die Richtung gingen, wo die Zahl anzutreffen war. Manchmal ging ich sogar Wege, die ich davor nicht ging, nur um dort auch wieder die Zahl 1 anzutreffen. Was wollte man mir also damit sagen? War es purer Zufall? Eins darf uns klar werden. Zufall ist ein Ereignis, welches auf einem Gesetz basiert, das noch nicht erkannt wurde. In dem Fall haben die Zahl und ich uns angezogen. Es basierte auf dem Gesetz der Resonanz, hinzukommend unterstützen Lichtwesen, Helfer, Geistführer all unsere Wege mit Zahlen.

Hinweis:

Die numerologischen Zahlen werden in weiblichen – Yin – und männlichen – Yang – Zahlen unterteilt. Die ungeraden Zahlen 1, 3, 5, 7 und 9 haben Yang Qualität. Die geraden Zahlen 2, 4, 6, 8 besitzen Yin Qualität.

Was sagen uns alle Zahlen im Alltag?

Wenn du die Zahl 1 sehr oft im Alltag siehst, ohne aktiv nach ihr zu suchen, stehst du kurz vor einem Neuanfang. Ein neuer Zyklus beginnt und etwas erneuert sich, wenn du offen dafür bist. Deine Chance ist gekommen, endlich einen Neuanfang zu wagen mit neuen Energien, mit neuen Möglichkeiten und neuen Chancen.

Jedoch ist die Frage, kann der Neuanfang auch kommen oder hältst du noch an alten Mustern fest? Kann sich die schöpferische Energiequalität durch dich positiv zum Ausdruck bringen oder trägst du noch zu viele negative Aspekte in deinem Energiefeld?

Solltest du schon lange auf einen Neuanfang gewartet haben, ist der Zeitpunkt somit gekommen, manchmal ist uns gar nicht bewusst, dass wir um einen Neuanfang gebeten haben. Es ist wichtig, dem Willen der Seele zuzuhören und nicht der Sturheit zu verfallen.

DIE NUMMER 1

Neuanfang – die verborgenen Ängste

In jedem Neufanfang verbirgt sich das Wunder der Geburt. Wir alle tragen Samen in uns, die wachsen und blühen wollen. Jedoch gibt es keine Geburt ohne Schmerz und es gibt keinen Neuanfang ohne den Tod. Altes möchte gehen und Neues möchte entstehen, doch zu oft verbergen sich Ängste wie zum Beispiel Verlustangst, Angst vor Kontrollverlust, Angst vor Unbekanntem, Angst vor dem Tod und somit zugleich die Angst vor Neuanfang. All diese Ängste müssen wir gar nicht bewusst wahrnehmen, denn sie können alle im Unterbewusstsein sein, ohne dass wir diese wahrnehmen können. Da der Mensch nicht weiß, was er nicht weiß, ist es umso wichtiger, das Unterbewusstsein nach all diesen Ängsten zu erforschen, um einen positiven Neuanfang mit wahrhaftiger Lebensqualität zu ermöglichen.

Ich möchte dir dazu einen kleinen Einblick in meine Erfahrungen schenken. Ich war in einer Partnerschaft, die mich schon ganz lange nicht mehr erfüllt hat, aber ich hatte einfach keine Vorstellung davon, wie es anders laufen könnte. Mir wäre nicht in den Sinn gekommen, dass es da auch etwas anderes geben könnte und aufgrund der Konditionierungen beziehungsweise alten Programme, die mir nicht bewusst waren, blockierte ich einen schon längst überfälligen Neuanfang und habe weiterhin an alten Mustern festgehalten sowie an der alten Partnerschaft, weil mein konditionierter Verstand mir gesagt hat, dass es nur das, was ich da erlebe, gibt und was anderes nicht möglich sei. So geschah es, dass die geistige Welt und alle Lichtwesen um mich herum einen Neuanfang einleiten wollten, dem ich mich hätte hingeben können, aber ihn nicht zugelassen habe, obwohl ich mich so sehr nach Abenteuer, nach etwas Neuem gesehnt habe.

Ängste, die sich bei dir melden könnten, sobald du die Nummer 1 vermehrt siehst:

- Verlustangst, Angst vor Unbekanntem
- Angst vor Neuem
- Angst vor dem Tod – etwas Altes möchte gehen -
- Angst, loszulassen
- Angst davor, alte Muster zu erforschen.

Folgende Fragen solltest du dir stellen, sobald du die Nummer 1 häufig siehst:

- In welcher Hinsicht möchte ich neu anfangen?
- In welcher Hinsicht erlaube ich mir nicht, neu anzufangen?
- Woran halte ich immer noch fest, was mir nicht guttut, was aber erneuert werden möchte?
- Was verbinde ich mit Neuanfang?

Wesen, die mit der Nummer 1 in Verbindung stehen:

Erzengel Metathron wird der Nummer 1 zugeordnet. In der Persönlichkeitsarbeit wirkt dieser Erzengel als Wegweiser in neuen Situationen und als Ratgeber bezüglich Gewissensfragen. Außerdem verhilft er dazu, neue Wege und Möglichkeiten zu erkennen.

Sein Aufgabengebiet ist die Ziel- und Orientierungsfindung. Hauptsächlich geht es dabei um den Lebensplan und das Erkennen der Visionen. Er begleitet die Menschen hin zur Liebe, öffnet manchen den Zugang zur Akasha-Chronik, zur Spiritualität, Liebe & Bewusstheit, Stille, Weisheit und Erkenntnis. Also alles, was man braucht, um die Tiefe des Anfangs und des Endes zu verstehen.

Symbolik der Zahl 1

Die Zahl 1 hat entweder einen Strich als Symbolik oder einen Kreis, in dem sich wiederum in der Mitte ein Punkt befindet.

Der Strich kommt aus der germanischen Rune namens „Isa".

Diese Rune trägt die Bedeutung der Wiedergeburt. Bewegungen werden zum Stillstand und es kehrt Ruhe ein, sodass der Prozess der Erneuerung und der Wiedergeburt eingeleitet werden kann.

Das Symbol des Kreises und des Punktes in der Mitte leitet die Saat ein. Im Grunde ist es eine Darstellung eines Samens, der gerade durch Licht geboren werden möchte.

Hinweis:

In meinen Coachings konnte ich vermehrt feststellen, dass das Aufmalen der Runen auf den eigenen Körper sehr wirkungsvoll sein kann. Runen beschleunigen den Prozess oder unterstützen und fördern die richtige Richtung.

Wissenswertes über die Zahl 1:

Die Zahl ist zwar eine Zahl, jedoch bildet sie an sich keine Form. Sie steht einzig und allein für einen Punkt, also für das All. Sie vereint Anfang und Ende in sich, für sich.

Sollte dir die Zahl 2 des Öfteren über den Weg laufen, liegt es an dir, deinen Ausgleich und dein Gleichgewicht zu finden. Derzeit herrscht immer noch das Gesetz der Polarität auf Erden. Wir haben Gegensätze, die sich anziehen, aber auch Gegensätze, die sich abstoßen. Wir haben den Atem, der aufgeteilt ist in das Einatmen und Ausatmen. Wir haben Medaillen, die zwei Seiten haben. Wir können nach oben sehen oder nach unten sehen. Wir können den linken Weg beschreiten oder den rechten Weg. Die Zahl zwei ist die erste Yin Zahl, was bedeutet, dass sie die erste weibliche Zahl repräsentiert. Diese Zahl hat wie alle geraden Zahlen eine weibliche Energiequalität.

Es ist wichtig, weibliche Energiequalitäten nicht mit den weiblichen Eigenschaften der Gesellschaft zu verwechseln, da die weiblichen Eigenschaften in der Gesellschaft oft konditioniert beziehungsweise antrainiert sind und nichts mit den weiblichen Energiequalitäten in Bezug auf das Universum zu tun haben.

DIE NUMMER 2

Gleichgewicht und Ausgleich – die verborgenen Ängste

Ein Pol benötigt immer einen Gegenpol. Männlich und weiblich. Jedoch sind Pole nicht dazu gedacht, sich gegenseitig zu bekämpfen. Vielmehr dienen Pole dazu, sich gegenseitig zu begleiten, zu helfen und zu ergänzen. Wie man bereits anhand des Wortes ergänzen sehen kann, geht es darum, ganz zu werden.

Immer wenn ich die Zahl 2 angetroffen habe, stand ich vor einer Entscheidung oder man hat mich auf die Gegensätze in meinem Leben aufmerksam gemacht. Gegensätze machen sich häufig in der Partnerschaft bemerkbar. Grundsätzlich gilt es bei Gegensätzen, das Gleichgewicht zu finden und den Ausgleich. Wenn zwei Kräfte, die aufeinander wirken, bekämpft werden, kommt es zur Unterdrückung und die Energien verlaufen sich in der Gefahr negativ zu wirken.

Die Zahl 2 wird im Christentum der Sünde zugeordnet und die Schlange war ihr Symbol. Die Schlange gilt als heimtückisch und ist für das Leiden der Menschen zuständig. Man sagt, sie wäre heimtückisch, böse und verführerisch. Jedoch steht die Schlange in der indischen Philosophie für die noch schlafende Lebenskraft, der Kundalini. Erst wenn man die Kraft und die Energie in Harmonie und positives Wirken bringt, kann sich die Schlange der Wirbelsäule entlang nach oben schlängeln, sodass sie das Potenzial entfalten kann und man zur Erleuchtung gelangt. Hinzukommend gibt es auch die Schlangenmedizin in Afrika, die von Schamanen praktiziert wird. Sie ist die Heilmedizin. Das Wesen der Schlange ist mit verborgenem Wissen, Weisheit und prophetischen Gaben verbunden. Ihre Nähe und tiefe Verbundenheit zur Erde, in der heilende Kräuter und Pflanzen gedeihen, macht sie zu Trägern und Vermittlern heilkundiger Geheimnisse.

Diskussionsthema:

Der Äskulapstab ist das Symbol für Heilkunde Medizin. Dieses Symbol ist weit verbreitet und ist bei Ärzten, Apothekern, Heilpraktikern (...) vorzufinden. Jedoch stellt sich die Frage, warum dieser Stab nur eine Schlange hat, obwohl doch zwei Schlangen das Gleichgewicht erschaffen. Darum geht es auch bei der Zahl 2.

Ängste, die sich bei dir melden könnte, sobald du die Nummer 2 vermehrt siehst:

- Angst vor den Konsequenzen der Entscheidung
- Angst, etwas falsch zu machen
- Angst davor, sich zu trennen
- Angst vor dem Loslassen beziehungsweise Angst vor der Loslösung
- Angst vor dem eigenen Spiegel
- Angst vor der Gegenseite – krampfhaft, zwanghaft festhaltend an positiven Energien

Folgende Fragen solltest du dir stellen, sobald du die Nummer 2 häufig siehst:

- Wo befinde ich mich noch nicht im Gleichgewicht?
- Habe ich Angst vor lichten Energien?
- Habe ich Angst vor dunklen Energien?
- Lebe ich den Ausgleich der weiblichen und männlichen Energie?

Wesen, die mit der Nummer 2 in Verbindung stehen:

Erzengel Raziel wird der Nummer 2 zugeordnet. Sein hebräischer Name bedeutet: „Geheimnis Gottes". Er kennt die Weisheit und die Geheimnisse des Universums. Seine Energie ist eine Form von sexueller Energie, die dafür genutzt werden kann, bewusstseinserweiternde Prozesse zu vollziehen.

Seine Aufgabengebiete sind das Auflösen und Erkennen von Schwüren, Gelübden, Eiden und noch viel mehr aus früheren Leben. Außerdem vermittelt er Wissen in Bezug auf Heilung. Aufgrund seines vollen Farbspektrums kann er zu vielen Aufgabengebieten hinzugezogen werden.

Symbolik der Zahl 2

Die Zahl 2 hat die Symbolik zweier Halbkreise, die bei Vereinigung zu einem Kreis werden. Auch die Symbolik der Zahl zwei zeigt, dass Gegensätze keinen Grund haben sich zu bekämpfen. Im Gegenteil Gegensätze sind dazu da, um sich zu verbinden, genau so ist das auch in der Engelswelt. Jedes Lichtwesen hat seine eigene Energiequalität. Zusammen kommen viele Energiequalitäten aufeinander, die einander unterstützen. Schwierig wird es nur dann, wenn man sich gegen den Gegenpol auflehnt, versucht gegen ihn anzukämpfen und ihn nicht in sich integriert.

Was meine ich damit?

Angenommen zwei Menschen finden zueinander.

Beide lieben sich sehr, jedoch hat eine Person Angst vor der Liebe, während die andere voller Euphorie ist und einfach nur diese Liebe leben möchte. Die Person, die so sehr lieben möchte, fängt an, die Person, die Angst davor hat, zu verurteilen, indem Vorwürfe fallen (...) Die Person, die liebt, kämpft gegen den Pol „Angst vor Liebe" an, anstatt diesen Pol in Liebe und Frieden anzunehmen.

Gehen wir einen Schritt weiter und hinterfragen ganz kurz diese Liebe. Wenn ich gegen einen Pol kämpfe und ihn nicht haben will, liebe ich dann wirklich oder liebe ich und habe aber zugleich Angst vor dem Pol der Angst? Ist diese Angst dann Liebe oder ist es einfach Angst und eine Chance, seine eigene Angst zu hinterfragen? Genau solche Ansätze bringt die Zahl 2.

Wissenswertes über die Zahl 2:

In dieser Zahl liegt der Gegensatz, der die Wahrnehmung überhaupt möglich macht.

Wir haben zum Beispiel das Sein und das Nichtsein, Weiß – Schwarz, Oben – Unten (…).

Mit ihr entsteht die erste, daher ist sie auch die erste weibliche Zahl, also das Gegenstück zur männlichen Zahl. Sie bildet die Strecke zwischen zwei Punkten und daraus lassen sich weitere Formen im Raum bilden.

Die häufige Begegnung mit der Zahl 3 bringt viel Segnungen und Fülle mit, denn sie ist die Zahl der schöpferischen Kraft. Sie steht für die „Dreieinigkeit“ und trägt die Energiequalität des Erschaffens. Ihr Wesenszug ist Lebensfreude, Kreativität und Entspannung. Sie ist Körper, Seele und Geist; Geburt, Leben und Tod; Anfang, Mitte und Ende; Vergangenheit, Gegenwart und Zukunft.

Die Zahl 3 steht für die Kraft der Manifestation, des Aufstiegs, der Höhenführung und der Verbindung von Feuer, Flamme und Licht. Die 3 schafft ein vollständiges Schwingungsfeld und diese Zahl ist bekannt für Wunder.

Es gibt vier verschiedene Feuer:
Die Flamme – Kundalini, Sexualität
Feuer – Herz, Liebe, Mitte
Licht – Geist, Weisheit, Intelligenz
Universelles Licht – Sonne, Logos, Ewiger Geist

Wenn das Feuer aufsteigt und alles miteinander vereint, könnte man das prinzipiell Erleuchtung nennen, jedoch halte ich einfach nicht viel von diesem

Wort. Man könnte jedoch sagen, dass der Lichtkörper zum vollen Bewusstsein erwacht und sein vollstes Potenzial entfaltet. Das Element Feuer stammt aus dem Inneren der Erde. Das Licht und die Wärme der Sonne machen Leben auf unserem Planeten in dieser Form möglich. Die Aufgabe des Feuers ist es, die Energie zu erhöhen, einzuweihen, zu wandeln und zu bereinigen.

Die Zahl 3 ist die Vereinigung zwischen der männlichen und der weiblichen Energiequalität. Sie entsteht aus der Dualität, also aus der Zahl 2. Sie repräsentiert auch die göttliche Dreifaltigkeit, erinnert an Körper – Geist -und Seele, an die drei Instanzen von Freud „Es – Ich – Über Ich", an „das innere Kind, das Erwachsene – Ich und das Eltern – Ich". Man könnte genauso gut sagen, dass aus der Mutter und dem Vater das Kind entsteht. Das zeigt, dass aus der Urpolarität etwas Neues entsteht und dass Neues nur erschaffen werden kann, wenn sich Gegensätze vereinigen, aber dazu braucht es den Ausgleich der Zahl 2. Die Zahl 2 kann sich nicht entfalten, wenn sie bekämpft wird und aus ihr kann auch das Leben der Zahl 3 nicht entstehen.

DIE NUMMER 3

Die Vereinigung – die verborgenen Ängste

Wir kommen auf die Erde, aus der Einheit in die Trennung. Die ersten Monate leben wir für uns noch in der Einheit. Das ist auch der Grund, weshalb wir gar nicht unterscheiden können, was uns gehört und was nicht. Alles, was in unserer Umgebung passiert, beeinflusst unser Energiefeld, da wir vieles zu unseren Informationen machen, also zu unseren Energien werden lassen. Wir nehmen aber auch nur das auf, was wir erfahren wollen oder was unseren karmischen Belastungen entspricht. Wenn also die Mutter sich als nicht gut genug empfindet, wird das in unserem Energiefeld aktiviert, sodass wir das auch zukünftig erfahren werden, weil wir das wiederum nach außen projizieren werden. Wir gehen von der 1 in die 2 und die 2 steht für die Erfahrungen in der Polarität, um die Polarität kennenzulernen, braucht es die Trennung und auch die Abspaltung verschiedenster Seelenanteile in uns. Oft passieren dann auch Traumata. Viele Jahre irren wir daraufhin umher, um unsere Seelenanteile, die wir von uns abgespalten haben.

Das Wesen der Zahl 3 hilft uns genau dabei, Etappe für Etappe uns mit unseren abgespaltenen Seelenanteilen wieder zu vereinigen, bis wir unser Selbst wieder gefunden haben.

Ein Ausdruck von vielen Ausdrucksformen der Zahl 3 sind die drei Phasen und zwar das Werdende, Dasein und das Vergehen. Es gibt die Vergangenheit, die Gegenwart und die Zukunft – Geburt, Leben und Tod. Die Vergangenheit ist der Samen für das, was wir in der Gegenwart erleben und das wiederum ist der Samen für das, was wir in der Zukunft erfahren.

Ängste, die sich bei dir melden könnte, sobald du die Nummer 3 vermehrt siehst:

- Angst vor der Einheit, da sie hier oft als Abhängigkeit erfahren wurde
- Angst vor einer wiederkehrenden Trennung
- Angst vor der eigenen Schöpfungskraft

Folgende Fragen solltest du dir stellen, sobald du die Nummer 3 häufig siehst:

- Was verbinde ich mit Kraft?
- Was verbinde ich mit der schöpferischen Energie?
- Was verbinde ich mit Einheit?

Wesen, die mit der Nummer 3 in Verbindung stehen:

Erzengel Zaphkiel – auch Jophiel genannt – wird der Nummer 3 zugeordnet. Jophiel bedeutet „Gott ist meine Wahrheit". Er ist der Engel der Erleuchtung. Seine Energiequalität ist auch die Weisheit und die Beständigkeit. Er begleitet Menschen, die eine neue Richtung vornehmen möchten. Er ist der Vermittler der Geduld.

Seine Aufgabengebiete sind die Schöpferkraft zu entfalten, die Selbstverwirklichung ins Leben zu integrieren und das Vertrauen in die Schöpfung zu intensivieren. Außerdem hilft er auch, Selbstzweifel zu überwinden, also von der 2 und die 3 überzugehen.

Symbolik der Zahl 3

Das Symbol der Zahl 3 ist das Dreieck. Man sagt, dass Gott ein Dreieck ist. Das Dreieck wird bei den Pythagoräern als Symbol für den „Anfang der Entstehung" gesehen.

Sehr interessant ist, dass man über dieses Symbol einen Kanal bilden kann, wodurch das Licht die eigene Entstehung nährt. Stellt man sich in die Sonne, bildet ein Dreieck mit seinen Händen / Fingern über die Stirn und lässt daraufhin die Energie der Sonne durchfließen, ist das Nahrung für die Lichtentstehung, die wir sind, beziehungsweise der Lichtkörper wird dadurch genährt.

Bei oftmaligem Antreffen der Zahl 4 ist das Materialisieren angesagt, denn aus dieser Zahl entsteht die Materie und somit auch der Raum. Sie verkörpert die Taten und die Handlungen, die der Mensch vollzieht. Sie ist das Symbol für die Wurzel, als das Grundgerüst aller Dinge.

Während die Zahl 3 die Fülle zum Ausdruck bringt, vervielfältigt die Zahl 4 diese und formt den Raum der Energie. Schließlich hat Gott die vier Elemente – Feuer, Erde, Wasser und Luft erschaffen und daraus folgte wiederum die ganze Schöpfung. Im Umkehrschluss besteht der Körper aus den 4 Elementen. Diese Zahl steht für die Natur und für die Arbeit so wie auch für das, was der Mensch erschaffen hat, also für das Materielle. In der Beobachtung besteht die Natur aus sehr vielen Rundungen, somit sind gerade Linien, genauso wie Ecken und Kanten eher die Ausnahme. Der Mensch jedoch liebt es eher geradlinig, oft zumindest. Man siehe sich einfach nur die Gebäude an, Zimmer, Stühle, Tische, Karten, auch viele Logos, basieren vermehrt auf gerade Linien.

Hinweis:

An Schriften kann man erkennen, wer im Einklang mit der göttlichen Hemisphäre ist oder noch viel zu sehr am Irdischmateriellen haftet. Je geschwungener die Schrift ist, desto größer ist die Wahrscheinlichkeit, dass der Mensch im Einklang mit dem irdischen und der göttlichen Hemisphäre in Verbindung steht. Je eckiger und kantiger, desto mehr hält er am irdischen Dasein fest und desto festgefahrener ist auch die Identifikation mit den irdischen Programmen.

DIE NUMMER 4

Materie und Raum – die verborgenen Ängste

Wir sind hier, um unsere Schöpfung zu erfahren und um zu erschaffen. Wir sind hierhergekommen, um zu lieben, aber auch zugleich Energie zu materialisieren beziehungsweise Energien in verdichteter Form wahrzunehmen. Alles, was wir um uns herum sehen, ist nichts anderes als in Form gebrachte Energien. Auch unser Körper ist Energie in verdichteter Form. Deshalb hat Leonardo da Vinci den vitruanischen Menschen gemalt, der in einem Viereck, aber zugleich auch in einem Kreis steht. Der Kreis steht für die göttliche Hemisphäre, für die Einheit, während das Viereck, welches für die Symbolik der Zahl 4 steht, das Irdische symbolisiert.

Der Mensch in einem Viereck agiert aus dem Verstand heraus. Der Verstand analysiert, teilt und trennt. Daraus entstehen dann Informationen, die die Seele empfängt und dann an den Körper weiterleitet. Der Körper wiederum wird auf irdischer Ebene als ein Gefährt anerkannt entwickelt durch die Evolution.

Ich durfte schon sehr oft die Erfahrung machen, dass das Wesen der 4 mir dabei geholfen hat, das zu materialisieren, was ich manifestiert habe. Die vier drückt sich in Form, Ordnung und Struktur aus. Einerseits zeigt sie sich in Form von Grenzen, da unser irdischer Körper zum Beispiel begrenzt ist. Er kann als Gefängnis, Einengung oder Begrenzung gesehen werden oder aber als Einteilung.

Ängste, die sich bei dir melden könnte, sobald du die Nummer 4 vermehrt siehst:

- Angst davor, Freiheit zu verlieren
- Angst vor Begrenzung oder sogar Grenzsetzung
- Angst vor der Einengung

Folgende Fragen solltest du dir stellen, sobald du die Nummer 4 häufig siehst:

- Was verbinde ich mich Freiheit?
- Wie habe ich Grenzsetzung erlebt?
- Fühle ich mich bereits eingeengt oder gar begrenzt?

Wesen, die mit der Nummer 4 in Verbindung stehen:

Erzengel Zadkiel wird der Nummer 4 zugeordnet. Erzengel Zadkiel steht für die Freiheit und Vergebung. Der Name bedeutet „Gottes Rechtschaffenheit". Seine Energiequalität ist auch die Barmherzigkeit. Er fördert die Güte und das Mitgefühl.

Seine Aufgabengebiete sind die Umstrukturierungen zu entfalten und grundlegende Veränderungen vorzunehmen.

Symbolik der 4

Das Viereck drückt die Materie aus, die vier Himmelsrichtungen, die vier Elemente, die vier Jahreszeiten (...).

Wir sehen anhand eines Vierecks die Entstehung der Schöpfungen. Vier Punkte, die jeweils mit Linien verbunden werden und unterteilt man das Viereck entstehen entweder wieder vier kleine Dreiecke oder auch nur zwei große Dreiecke. Die Dreiecke stehen wiederum für die Schöpfungsenergie, während die zwei Punkte, die mit einer Linie verbunden werden, wiederum für die zwei und die eins stehen. Also beinhaltet das Viereck alle Energien, die für das Materialisieren notwendig sind. Um also etwas zu materialisieren, braucht es eine Energie, die Ordnung, Struktur ausdrückt und das ist die 4.

Hinweis:

Im Schamanismus gibt es die 4 Hauptwinde und haben folgende Bedeutung:

- Der Westwind steht für das Weibliche, die Mutter
- Der Nordwind steht für die alten Weisen, Ahnen
- Der Ostwind steht für das Männliche, den großen Geist
- Der Südwind steht für das kindlic

Bei häufigem Blickkontakt mit der Zahl 5 will man aus auf unsere Verkörperung der bedingungslosen Liebe aufmerksam machen, die wir sind. Die 5 symbolisiert den reinen Geist und den fünften Sinn, der von uns entdeckt werden möchte. Die bedingungslose Liebe ist das, was alles zusammenhält, denn ohne diese Liebe würde nichts aber auch wirklich gar nichts existieren. Außerdem schützt auch die Zahl 5 vor Kräften, die uns schaden möchten. Sie schützt auch vor Kräften, die wir in uns tragen, die uns dazu bringen, uns selbst – unserem Selbst – zu schaden.

Neben der Kommunikation und Sprache steht die Zahl 5 auch für Äther. Die Zahl fünf steht auch für den Atem und die Lunge. Das Thema ist Vertrauen ins Leben. Diese Zahl ist der Wissenschaft und der Religion zugeordnet. Sie ist die Grundlage der Entfaltung. Es gibt fünf Elemente (Erde, Wasser, Feuer, Luft und Äther). Was hat es mit der fünften Herzkammer auf sich? Dr. Hanish, ein amerikanischer Arzt, gab 1920 bekannt, dass er das Göttliche Atom entdeckt hat. Er hat festgestellt, dass unser Herz eine fünfte Kammer hat, in der sich das Göttliche Atom befindet. Dieser Kammer ist laut Hanish eine luftleere Zelle und bildet ein vollkommenes Vakuum. Daraufhin vergrößerte er das Bild und es zeigte sich dadurch, eine erwachsene, geschlechtslose menschliche Gestalt in dennoch vollkommener Jugendlichkeit. Es repräsentiert das Ebenbild des Schöpfers, es ist ein Herz-Mensch. Diese Stelle soll mit dem Kronenchakra verbunden sein, sodass wir automatisch immer mit dem Ursprungszentrum aller Schöpfung in Verbundenheit sind.

Das fünfte Element Äther ist das göttliche Licht, Prana. Es hilft dabei, das große Ganze zu verstehen. Neben allen Elementen gibt es auch noch das ätherische Wasser, die ätherische Luft oder sogar unser Ätherleib. Man sieht, es ist alles miteinander verbunden. Die ätherische Form der Elemente ist die Urmatrix, nach der alles aufgebaut ist. Das bedeutet, dass die vollkommene Form immer vorhanden ist.

DIE NUMMER 5

Äther und die bedingungslose Liebe – die verborgenen Ängste

Als ich mich intensiv mit der Zahl 5 beschäftigt habe, ereilte mich ein Schicksal. Ich ging eines Abends mit meiner besten Freundin spazieren. Wir sind einen ungewöhnlichen Weg gegangen, der uns an ein Atelier vorbeigeführt hat. Da hat dieses Atelier tatsächlich Dodekaeder ausgestellt. Der Dodekaeder steht für die Zahl 5 und gleichzeitig für die fünfte Herzkammer. Wen habe ich also vorgefunden, wenn es sich hierbei um die bedingungslos Liebe handelt? Selbstverständlich traf ich auf eine Frau, die mein Leben auf den Kopf stellte. Ich war zu dem Zeitpunkt nicht daran interessiert, eine Partnerschaft einzugehen, da ich zuvor schon eine Erfahrung gemacht habe, die mich ziemlich umher wirbelte. Doch unsere Seelen haben diesen Zeitpunkt vorgesehen. Es gibt viele Geschichten über Dualseelen. Es gibt viele Thesen, viele Erfahrungen und meine Erfahrung war, dass der Dualseelenprozess nur dazu da war, um die Form der bedingungslose Liebe anzunehmen und zu verkörpern. Es gab so viele Höhen und Tiefen, Machtkämpfe, Streitigkeiten, Konkurrenzkämpfe und hauptsächlich ging es darum, durch die Spiegel und Triggerpunkte – Spiegel und Trigger sind nicht dasselbe, genauso wie Zwillingsseelen und Dualseelen nicht dasselbe nicht – des Gegenüber zu erkennen, was es der Heilung bedarf. So oft wurde mein Herz in diesem Zeitraum gebrochen, aber Herzen sind da, um gebrochen zu werden, denn darin befindet sich der göttliche Funke.

Nach all diesen Machtkämpfen, Streitigkeiten, Höhen und Tiefen kam ich zum Ende des Dualseelenprozess und durfte innerhalb kurzer Zeit meine Zwillingsseele kennenlernen. Zwillingsseelen ist es bestimmt die bedingungslose Liebe zu leben für die wir alle hierhergekommen sind.

Da wir beide den Dualseelenprozess beendet haben und alles geheilt haben, was es in diesem Prozess zu heilen gab, haben wir die Möglichkeit spirituell zusammen zu wachsen und das hier auf Erden und auf allen anderen Ebenen sowieso.

Zusammen leben wir im Einklang mit allem was ist, verkörpern bedingungslose Liebe und leben die Wahrheit unserer Wesen, um die Schwingung der Liebe auf Erden zu halten.

Hinweis:

Alle Seelen haben die Möglichkeit, sich bei jeder Inkarnation zu teilen, sodass aus jeder Teilung irgendwann eine Seelenfamilie entstehen kann. Wenn Seelen sich das erste Mal teilen, entstehen Zwillingsseelen, während die Seelen immer älter und älter werden, entstehen nach einer wiederkehrenden Teilung die Dualseelen. Nur bei der ersten Teilung einer Seele entstehen Zwillingsseelen, gerade deshalb kommen sie nicht so oft vor wie Dualseelen.

Wenn sich Seelen durch Reinkarnation weiter teilen, kann eine ganze Seelenfamilie entstehen. Das nennt man wiederum Seelenverwandte.

Wir können viele Seelenverwandte haben und mit allen besteht eine besondere Seelenverbindung, aber keine ist so stark wie die Verbindung zwischen Seelenzwillinge

Während meiner Coachings konnte ich viele Dualseelen kennenlernen, aber kaum Zwillingsseelen. Der Dualseelenprozess verlangt sehr viel Reife ab. Wenn das Ende jedoch geschafft ist, ist ein ganzer karmischer Prozess geschafft. Es ist wichtig, sich für sich bis in die Tiefe zu öffnen, um das zu heilen, was geheilt werden möchte. Nur so beendet man den Dualseelenprozess. Jedoch kann man das nicht pauschalisieren, denn für jeden ist etwas Anderes bestimmt. Es geht immer um Bestimmung und um die Lebensaufgabe. In meinen Coachings dürfen Kunden immer wieder erkennen, dass es auch in dieser Hinsicht um ihre Lebensaufgaben geht und nur wenn sie diese verstanden haben, können sie sie erfüllen, um etwas Neues beginnen zu können.

Ängste, die sich bei dir melden könnten, sobald du die Nummer 5 vermehrt siehst:

- Angst vor Liebe
- Angst vor Nähe
- Angst davor, nicht gut genug zu sein
- Angst davor, Liebe nicht verdient zu haben

Folgende Fragen solltest du dir stellen, sobald du die Nummer 5 häufig siehst:

- Was verbinde ich mit Liebe?
- Wie habe ich Liebe kennengelernt?
- Welche Verletzungen hast du bezüglich Liebe erlitten?

Wesen, die mit der Nummer 5 in Verbindung stehen:

Erzengel Chamuel wird der Nummer 5 zugeordnet. Chamuel trägt die Bedeutung „Er, der Gott sieht". Er steht für Ausgewogenheit und Harmonie, der Liebe und Partnerschaft, der Hingabe und der Kreativität.

Seine Aufgabengebiete sind die Liebe und Geborgenheit zu finden sowie Spannungsfelder innerhalb der Partnerschaften zu lösen. Außerdem hilft er dabei, Aufgaben des Alltags leichter zu bewältigen und sich für Inspirationen zu öffnen. Er ist ein sehr guter Begleiter bezüglich Partnerschaften.

Symbolik der 5

Die Zahl 5 wird dem Pentagramm zugeordnet beziehungsweise die 5 drückt sich in Form von Pentagramm aus. Es schützt vor dem Bösen und wehrt negative Kräfte ab, Kräfte, die die Intention haben, zu schaden. Das 5 steht für die Sinne Sicht, Gefühl, Geschmack, Geruch, Gehör – und für die 5 Elemente.

Hinweis:

Es gibt die 5 platonischen Körper – von Platon ausführlich beschrieben – die jeweils einem Element zugeordnet werden.

Tretraeder entspricht dem Element Feuer

Hexaeder entspricht dem Element Erde

Oktaeder steht für Luft

Dodekaeder symbolisiert den All-Eins-Geist

Ikosaeder steht für das Wasser

Mithilfe der Visualisierung der platonischen Körper ist es möglich, die Energiequalitäten zu fördern oder bestimmte Störungen auszugleichen. Wir bestehen schließlich aus den Elementen und aus Formen, verschiedensten Körpern.

Die Liebe meldet sich zu Wort, wenn uns die Zahl 6 häufig begegnet. Natürlich ist die Liebe nicht nur bei der Begegnung der Zahl 6 präsent. Die Liebe ist immer präsent, aber in dem Fall tritt sie noch mehr in den Vordergrund. Sie symbolisiert die Zeugungskraft und durch sie kann die Schöpferkraft eine Gestalt annehmen. Sie ist die Zahl der Prüfung und der Erforschung, zugleich aber auch der Fortpflanzung.

Diese Zahl bringt das Gleichgewicht, die Harmonie ins Leben und stellt die Einheit der Polarität dar. Sie ist die erste vollkommene Zahl innerhalb der Dekade. Schließlich hat Gott am sechsten Tag – am letzten Tag seiner Schöpfungsphase – sein Abbild erschaffen beziehungsweise erzeugt. Außerdem steht diese Zahl auch für den sechsten Sinn. Unser sechster Sinn ist der Traum. Träume können nicht nur für das Verarbeiten von unterbewussten Themen stehen, sondern auch für Visionen. Über Träume können wir Ratschläge erhalten sowie Wegweiser. Oft kann ein Traum der Weg zur Erlösung sein.

DIE NUMMER 6

Gleichgewicht – die verborgenen Ängste

In dieser Liebe geht es primär darum, das Weibliche mit dem Männlichen ins Gleichgewicht zu bringen. Die Liebe zueinander zu entdecken und diese in sich zu integrieren.

Wer mein letztes Buch „Die 7 Gesetze des Universums" gelesen hat, weiß bereits, welche Energiequalität das Weibliche hat und das Männliche hat.

Hier zur kleinen Erinnerung:

Das Weibliche steht für den Fluss des Lebens. Die weibliche Energiequalität ist sehr intuitiv und sehr sanft.

Das Männliche steht hier für das Beschützerische, für die Tatkraft und für die bestimmte Energie.

Es gilt hier das Gleichgewicht zwischen beiden Energiequalitäten zu halten. Das funktioniert aber nur, wenn man sich der Extreme, die wir oft leben, bewusst wird. Entweder befinden wir uns zu sehr in der weiblichen Energie oder in der männlichen Energie, weil wir schlechte Erfahrungen mit der einen oder anderen Energiequalität gemacht haben. Besser ausgedrückt, wir verbinden negative Verhaltensweisen oder negative Ereignisse, die wir zum Beispiel mit einer Frau oder einem Mann gemacht haben, gleichzeitig auch mit der Energiequalität, obwohl die Energiequalität mit dem Geschlecht an sich überhaupt nichts zu tun hat. Wir tragen beides in uns und sollen sogar beides Leben und in uns integrieren, denn nur so können auch wirklich einander lieben und die schöpferische Kraft leben. Vereinen wir beides nicht und geben beiden Qualitäten nicht gleich viel Liebe, so kann auch kein Gleichgewicht entstehen.

So können wir auch keinen Ausgleich in beiden Energiequalitäten finden, da wir die eine oder andere Qualität ablehnen.

Ängste, die sich bei dir melden könnten, sobald du die Nummer 6 vermehrt siehst:

- Angst vor der Integration der weiblichen Energie
- Angst vor der Integration der männlichen Energie

Folgende Fragen solltest du dir stellen, sobald du die Nummer 6 häufig siehst:

- Was verbinde ich mit Weiblichkeit?
- Was verbinde ich mit Männlichkeit?
- Wo lebe ich noch in Extremen?

Wesen, die mit der Nummer 6 in Verbindung stehen:

Erzengel Michael wird der Nummer 6 zugeordnet. Michael trägt die Bedeutung „Wer ist wie Gott". Er steht für Ruhe, Schutz genauso wie Glaube, Struktur und Unterstützung.

Hinweis:

Der Schutz ist aber auch nur wirklich wirkungsvoll, wenn wir keine Schutzprogramme haben, die gegen uns arbeiten, was sehr oft der Fall ist, da wir so konditioniert sind.

Er hilft dabei, neue Kraft zu tanken, wenn man sich kraftlos fühlt. Er stärkt Schutz, wenn er benötigt wird, hilft bei Bedrohungen. Außerdem fördert er die eigene Disziplin. Er schützt uns vor Albträumen und löst mit uns unsere Opferrollen auf.

Symbolik der 6

Die Zahl 6 wird dem Hexagramm zugeordnet. Das Hexagramm verbindet die zwei Gegensätze. Sieht man sich das Hexagramm an, hat man zwei Dreiecke. Ein Dreieck ragt nach oben, während das andere nach unten ragt. Das Dreieck, welches nach oben zeigt, steht für das Feuer und die Luft und somit für das Männliche. Das Dreieck, welches nach unten zeigt, steht für das Wasser und die Erde, also für das Weibliche. Wenn der Mensch diese Gegensätze vereint, besitzt er große Heilkraft, da diese Energien aus den hohen Ebenen des Lichts über den Kanal geerdet werden können.

Dieses Hexagramm wird auch Davidsstern beziehungsweise Salomonssiegel bezeichnet, welches vollendetes Gleichgewicht darstellt.

Fortschritte und siegreiche Zeiten werden durch die Zahl 7 verkörpert. Hierbei handelt es sich auch um das Überwinden von Hindernissen. Diese Zahl wird auch als heilige Zahl bezeichnet. Sie ist die Zahl der Vollkommenheit und der Einheit.

Im Volksmund spricht der Mensch oft von „Ich packe meine 7 Sachen". Außerdem gibt es die sieben Schöpfungstage, jedoch wurde am 7. Tag geruht, da am 7. Tag das Werk Gottes vollbracht wurde. Es gibt die 7 universellen Gesetze sowie das Buch mit sieben Siegeln, die sieben Todsünden, die 7 Propheten in sieben Himmeln, die 7 Hauptchakren, 7 Weltwunder, 7 Weltmeere. Außerdem hat der Regenbogen 7 Hauptfarben.

Da sie das Geistliche und Weltliche miteinander verbindet und sogar umspannt, bedeutet sie auch Heilung, Sicherheit, Sicherheit, Ruhe, Fülle, Vollständigkeit und Synthese.

Hinweis:

Es gibt bereits Wesen, die eine regenbogenfarbene Aura haben. Diese gibt es nur allzu selten zu sehen, da dies hochentwickelte Wesen sind. Ich habe eine regenbogenfarbene Aura. All meine Energiezentren sind aktiviert, sodass auch meine Gaben beziehungsweise meine Hellsinne sehr ausgeprägt sind.

Die Wesenheit der Zahl 7 baut eine Brücke zwischen Erde und Himmel. Sie möchte darauf aufmerksam machen, dass wir im Kern bereits vollkommen sind. Hinzukommend steht sie auch für den 7.n Sinn und hilft dabei, diesen zu erkennen.

DIE NUMMER 7

Verbindung – die verborgenen Ängste

Ich trage die Zahl 7 als Schicksalszahl. Die Schicksalszahl – zu der wir später noch ausführlicher kommen – wird anhand des Geburtsdatums berechnet. Ich möchte mit dir einen Ausschnitt aus meinem Leben teilen. Ich verkörpere nicht nur die Zahl 7, sondern arbeite auch nach ihr beziehungsweise sie wirkt innerhalb meiner Arbeit oder besser gesagt diese Energiequalität ist in mir gespeichert, sodass sie einfach nur gefördert, intensiviert und ausgefeilt werden durfte, sodass sie sich nun innerhalb meiner Arbeit entfalten darf. Ich wusste nie, was ich während der Coachings tat, bis sich mir die Zahl 7 offenbarte. Mir wurde klar, dass ich anderen dazu verhelfe, Brücken zu bauen und zwar von links nach rechts – vom Weiblichen zum Männlichen und umgekehrt – und von oben nach unten und umgekehrt, damit sie die Ganzheit verstehen. Denn nur so ist es möglich, auch die Lebensaufgabe zu verstehen, um sie daraufhin zu erfüllen.

Außerdem ist mein 7. Sinn sehr ausgeprägt, natürlich auch aufgrund dessen, dass diese Zahl meine Schicksalszahl ist. Die Zahl 7 hat die Qualität der Eingebungen und der intensiven Verbindung nach oben. Meine Schicksalszahl setzte sich aus der Zahl 3, der Zahl des Himmels und des Männlichen, und der Zahl 4, der Zahl der Erde und des Weiblichen, zusammen. Somit bringt diese Zahl Gott und die Menschen miteinander in Verbindung.

Ängste, die sich bei dir melden könnten, sobald du die Nummer 7 vermehrt siehst:

- Angst vor der Vollkommenheit
- Angst vor seiner eigenen Großartigkeit
- Angst vor seiner Kraft

Folgende Fragen solltest du dir stellen, sobald du die Nummer 7 häufig siehst:

- Was verbinde ich mit Macht?
- Was verbinde ich mit Kraft?
- Durfte ich großartig sein oder musste ich das unterdrücken?
- Durfte ich als vollkommen auftreten?

Wesen, die mit der Nummer 7 in Verbindung stehen:

Erzengel Raphael wird der Nummer 7 zugeordnet. Raphael trägt die Bedeutung „Gott heilt". Seine Aufgabe ist der Mensch selbst. Es fungiert als Schutzpatron für Heiler, für die Kranken selbst, für Apotheker (...)

Seine Energiequalität bietet Geborgenheit, Heilung, Krankheit, persönliche Freiheit, Erneuerung, aber auch Ausgeglichenheit. Er unterstützt die körperliche Regeneration und steht Frauen während der Wechseljahre zur Seite. Außerdem dient er zur Unterstützung bei der Sterbebegleitung und dient als Begleiter für Kuraufenthalte, aber auch Krankenhausaufenthalte.

Symbolik der 7

Die Zahl 7 drückt sich in Form vom siebenartigen Leuchter aus, auch Menora genannt.

Die Menora steht für das Licht der Welt. Die Symbolik dahinter ist die Ewigkeit.

Schleicht sich die 8 in deinen Alltag, möchte sie dich auf den Ausgleich des Lebens aufmerksam machen, den du ausfindig machen darfst oder der dich ausfindig macht. Diese Zahl kommt, um dir die Gerechtigkeit und die Harmonie näher zu bringen und dir zu zeigen, wie du sie findest und was noch in deinem Energiefeld ist, was dich davon abhält, diese Wahrheit zu leben. Schließlich sind wir alle Harmonie, Gerechtigkeit und Ausgleich in einem, wenn wir all das schlussendlich in uns gefunden haben.

Außerdem hinterfragt sie nochmal die Balance zwischen Geben und Nehmen. Sie möchte uns dabei Unterstützung geben, unser Geben und Nehmen auszugleichen. Die Zahl 8 ist eine karmische Zahl und besagt, alles, was wir säen, werden wir ernten. Somit können wir die Zahl 8 darum bitten, uns dabei zu helfen, gutes Karma zu säen beziehungsweise karmische Belastungen aufzulösen.

Die Energiequalität dieser Zahl ist sehr sensitiv aber zugleich auch stark erdend. Sie ertönt im Klang des folgenden Satzes: „Achte darauf, dass du nicht aus deinem Gleichgewicht gerätst." Hinzukommend unterstützt sie die Regenration und leitet die Auferstehung beziehungsweise die Wiedergeburt ein.

DIE NUMMER 8

Ausgleich, Einklang – die verborgenen Ängste

Ich habe unterschiedliche Erfahrungen in Bezug auf die Zahl 8 gemacht. Wenn ich der Zahl 8 begegnen durfte, wurde ich entweder vom Karma besucht oder ich wurde auf das Geben und Nehmen aufmerksam gemacht. Das eine hängt mit dem anderen selbstverständlich zusammen.

Gib und dir wird gegeben.

Jedoch geben wir nicht immer gerne, weil wir Angst haben, dass wir entweder wieder ausgenutzt oder benutzt werden. Auch sind wir keine Meister im Nehmen, da wir es uns oft nicht erlauben, zu nehmen. Dahingehend haben wir die Erfahrungen machen dürfen, dass das Nehmen mit einer Erwartungshaltung einhergeht oder besser gesagt einherging.

Wir denken oft, dass uns nur über das Materielle oder über das Äußere gegeben werden kann. Jedoch bekommen wir über die feinstoffliche Ebene sehr viel und unbewusst nehmen wir dann zum Beispiel „Inspirationen, Ideen, Kreativität, Glaube, Dankbarkeit (….)“ doch an.

Aber wir schwingen derzeit in dem Bewusstsein, sich nur auf das zu fokussieren, was man von außen bekommt zum Beispiel „Geld, Komplimente, Anerkennung (….)“. Ist es wirklich das, was unser Geben und Nehmen in Einklang bringt? Nein.

Es gilt vorerst unserem Inneren zu geben und im Inneren zu nehmen.

Wie gebe ich dem Inneren? Indem ich meine Aufmerksamkeit darauf richte, was mir im Inneren fehlt. Fehlt mir Vertrauen? Habe ich Blockaden, die ich noch auflösen darf, damit ich die

Lücke – das fehlende Vertrauen zum Beispiel – daraufhin mit Vertrauen füllen kann? Wie nehme ich im Inneren? Indem ich mich mit Mutter Erde und mit der Quelle – dem unendlichen Lichtstrom allen Seins – verbinde und mein Inneres von diesen Energiequellen füllen lasse. Außerdem kann man auch wunderbar für Mutter Erde beten, sich bei der Quelle bedanken und das ist auch wiederum eine Form von Geben. Das ist auch eine Form von positiver Saat.

Segne gerne Mutter Erde und die Quelle. Segne deinen Weg. Segne dein höheres Selbst und dein Sein. Dieser Segen wird zu dir zurückkehren. Dieses Geben und Nehmen werden von der 8 unterstützt und man kann aber auch selbst mit der 8 fördern, indem man das Ganze mit der Zahl 8 ergänzt.

Inspiration: „Sprich die Worte und denke währenddessen an die Zahl 8."

Ängste, die sich bei dir melden könnten, sobald du die Nummer 8 vermehrt siehst:

- Angst vor dem Geben, Verlustangst
- Angst vor dem Nehmen, Angst vor der Gegenerwartung

Folgende Fragen solltest du dir stellen, sobald du die Nummer 8 häufig siehst:

- Was verbinde mit Geben? Welche Erfahrungen habe ich diesbezüglich gemacht?
- Was verbinde ich mit Nehmen? Welche Erfahrungen habe ich in dieser Hinsicht gemacht?
- Darf ich Harmonie und Einklang zulassen oder hege ich Misstrauen gegenüber Harmonie, weil es sein könnte, dass man es doch böse meint? In welchem Bewusstsein schwingst du?

Wesen, die mit der Nummer 8 in Verbindung stehen:

Erzengel Ariel wird der Nummer 8 zugeordnet. Ariel bedeutet „Löwe oder Löwin Gottes".

Er ist der Schutzengel der Reinheit und hütet Visionen, Träume und Prophezeiungen.

Er steht in Verbindung mit den höheren Lichtwesen. Außerdem kann er wunderbar während Prüfphasen und Phasen der Not angerufen werden, um auch diese Zeiten zu überwinden.

Er hilft bei der Heilung von Tieren und fungiert als Wegbegleiter bei Umweltangelegenheiten.

Hinweis:

Innerhalb 6 Tagen wurde alles, was Mutter Erde ausmacht, erschaffen. Am 7 Tag wurde geruht und der 8 Tag eröffnete eine neue Woche. Übersetzte bedeutet das, dass nach der 8 etwas Neues beginnt. Die 8 stellt den Übergang zu einem neuen Bewusstsein dar und macht bereit für die Transformation der Zahl 9.

„Über sieben Brücken musst du gehen, um die Ganzheit zu verstehen. Die 8 öffnet die Tore für die Transformation der Zahl 9."

Symbolik der 8

Die liegende Acht steht für die Unendlichkeit und die Verbindung zwischen beiden Welten. Sie ist die Verbindung zwischen dem Bewussten und Unbewussten.

Die Symbolik steht auch für „Wie oben, so unten". Jeder der mein Buch „Die 7 Gesetze des Universums" gelesen hat, weiß, um welches Gesetz es sich handelt.

Inspiration:

Visualisiere die liegende Acht mit der in deinem Kopf und verbinde mit der liegenden Acht deine zwei Gehirnhälften und siehe was passiert. Tu das aber bitte nur dann, wenn du damit harmonierst und es sich für dich richtig anfühlt!

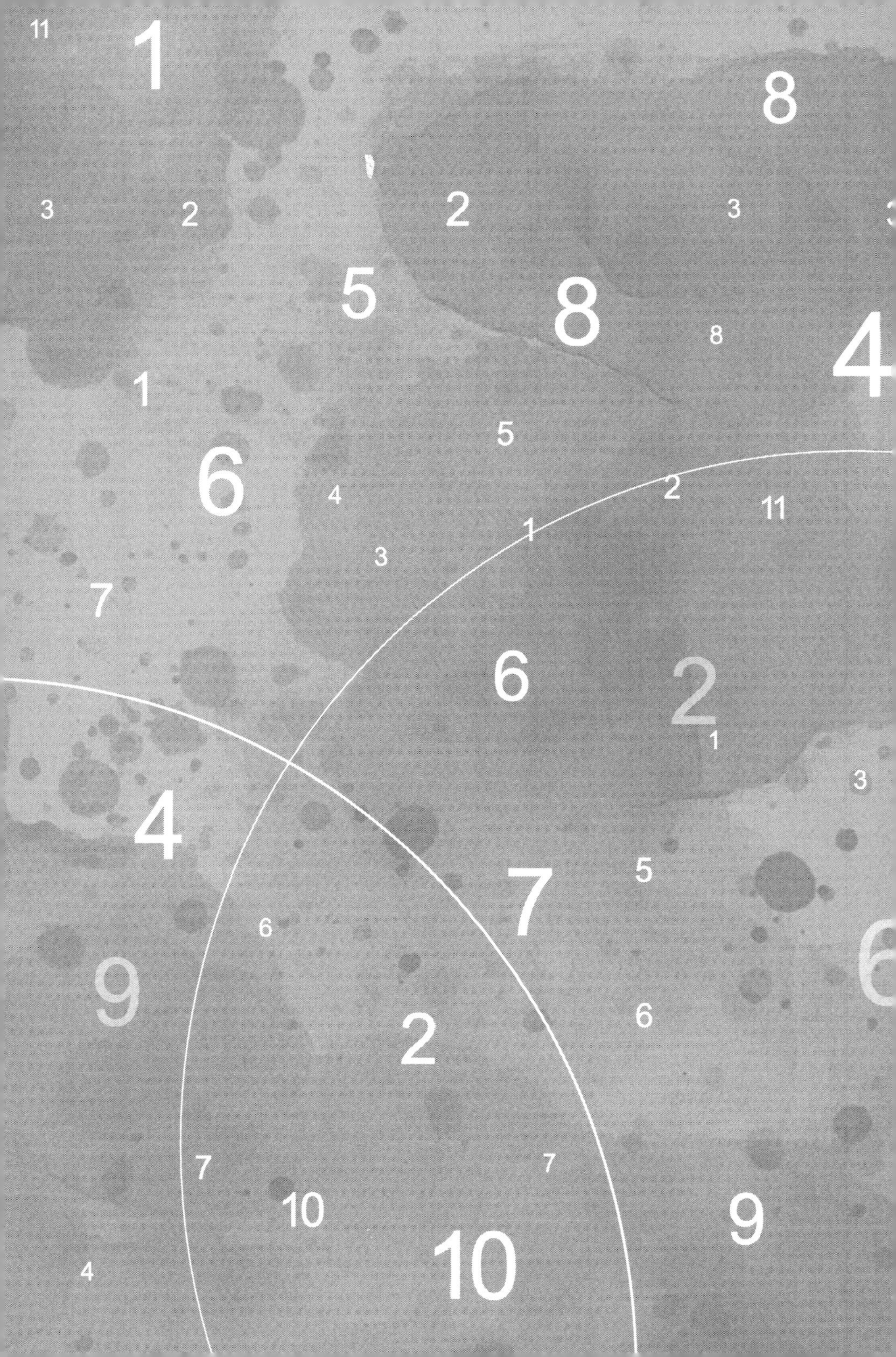

Wenn die Zahl 9 deine Aufmerksamkeit an sich zieht, möchte sie dich auf die höchste Vollendung hinweisen, die dir bevorsteht. Man meint hier die höchste Vollendung, die zu deinem jetzigen Entwicklungsstand möglich ist.

Sie führt dich zur Weisheit und begleitet dich in eine Zeit der Besinnung. Be – Sinn – ung. Welchen Sinn verfolgst du hier? Welchen Sinn hat dein Dasein? Welchen Sinn hat dein Wirken? Diese Fragen möchte sie dir mitbringen. Zusammen kannst du dir diese Fragen mit ihr ansehen und die Wesenheit dieser Zahl wird dir über verschiedene Wege die Antworten geben, die du brauchst. Außerdem begleitet sie dich in deine natürliche Bewegung zurück, sowie zu deinem ursprünglichen Rhythmus. Ein – klang. Sie gibt dir den Wegweiser zu deinem All Einklang. Das Tor dieses Klangs wurde mithilfe der 8 geöffnet.

Diese Zahl wird als heilige Zahl anerkannt, die für Transformation steht. Sie ist die letzte Zahl, die einstellig ist und symbolisiert den Übergang zu einer neuen Ebene. Sie ist der Anfang und das Ende, die Erfüllung und Vollendung. Während also die 8 mithilfe anderer Zahlen die Brücke gebaut hat, fungiert die Neun als erster Teil des neuen Bodens. Sie ist die Zahl der Initiation. Eine Initiation ist eine Einweihung in ein neue Bewusstseinsebene.

DIE NUMMER 9

Transformation – die verborgenen Ängste

Bei Einweihungen / Initiation spielt die Zahl 9 als Vorbereitung eine Schlüsselrolle. Initiationen sind Einweihungen in die Mysterien des Seins. Es gibt tatsächlich verschiedene Formen. Jedoch geht es bei dieser Zahl primär um die Transformation für die Initiation. Vor meiner Transformation habe ich viele Wissens- beziehungsweise Informationsschübe erhalten, sodass diese Neuformung auch stattfinden konnte. Ich habe viele Transformationen erfahren. Die einen waren mit viel Leichtigkeit verbunden, während die anderen sehr schmerzhaft waren. Aber eines erlebte ich immer wieder, und zwar dass Transformationen eine Art sterben sind.

Ein weiser Mann sagte einst: „Bevor du stirbst, musst du das Sterben lernen."

Bei fast jede Transformation fühlte ich den Tod. Aber nicht das Selbst war das oder mein wahrer Kern war es, der starb, sondern das Ich. Jedes Mal erkannte das Selbst das Ich und das Ich das Selbst. Ich als Beobachter deckte viele geheime Orte es Ichs auf, Orte, an denen sich viele Verletzungen, Ängste und Schutzprogramme tummelten, Orte, an denen es dunkel, kalt und steinig war. Jedes Mal, wenn ich bereit war, das Ich wieder zu entdekken und es zu durchleuchten, fühlte es sich an, als würde ich sterben, aber es war nur eine Identifikation, die ich loslassen durfte. Es war etwas, was ich erneut durchleuchten durfte und man schenkte mir jedes Mal ein neues Leben, eine Art Wiedergeburt und das durfte ich bei meinen Kunden, während des Coachings so oft erleben. Ja, der Weg ist einerseits schmerzbehaftet, aber andererseits ist das Resultat feuerwerksartig. Diese

Neugeburt gleicht einem frischen neuen Frühlingstag und das Potenzial, was man daraufhin entfaltet, ist mit nichts gleichzusetzen. Denn das ist etwas, was man nicht in Worte fassen darf. Jedoch ist es nicht nur das Potenzial, sondern zugleich auch die Erkenntnis, wer man wirklich ist.

Initiationen und Transformationen können körperliche Symptome hervorrufen. Depressionen, Panikattacken, Schwindel (...) Mal hat man Hunger, mal will man nichts essen. Körperschmerzen, Kopfschmerzen (...)

Frag gerne deine Geistführer, ob deine derzeitigen Symptome einfach „Initiations -oder Transformationserscheinungen" sind.

Ängste, die sich bei dir melden könnten, sobald du die Nummer 8 vermehrt siehst:

- Angst vor Ablehnung
- Angst, nicht mehr dazuzugehören
- Angs,t alleine zu wachsen und andere „zurückzulassen“

Folgende Fragen solltest du dir stellen, sobald du die Nummer 8 häufig siehst:

- Was kannst du noch nicht loslassen?

Wesen, die mit der Nummer 9 in Verbindung stehen:

Erzengel Gabriel wird der Nummer 9 zugeordnet. Sein hebräischer Name bedeutet so viel wie „Mein Mann ist Gott". Er steht für Prophetie und Führung. Er ist der Engel der Verkündung, Auferstehung und Offenbarung. Er ist der Hauptbotschafter Gottes.

Seine Energiequalität bringt Licht und Klarheit in unklare Situationen. Er bringt Reinigung von Gedanken und Gefühlen. Außerdem unterstützt er die innerliche Reinigung durch Entgiftung und Entschlackung. Er fördert künstlerische Projekte und ist immer bei Entscheidungsprozessen behilflich.

Symbolik der 9

Sie bringt ihre Energiequalität als Spirale zum Ausdruck. Dieses Symbol ist ein Zeichen für die Rückkehr in die Einheit und erinnert auch an die DNS – Spirale. Wir alle kehren von außen nach innen zurück in die Mitte, zu uns selbst, zu Gott. Die Spirale symbolisiert die Einheit von Körper, Geist und Seele, alleine wenn man in die Natur hinaussieht, wird man diesem Symbol immer wieder bei Pflanzen, Bäumen (...) begegnen. Die wichtigste Begegnung mit der Spirale ist unsere DNS.

10

Wenn die Zahl 10 deine Straßen kreuzt, dann möchte dir dieses Wesen mit seiner Energiequalitäten bei der Findung der göttlichen Ordnung und der Vollkommenheit, sowie der Vollendungen helfen.

Die 1 drückt sich mit der Energie des Anfangs aus, während die 0 für das Nichts steht.

Ist und war das Ende schon immer das Nichts? Da diese Zahl den Beginn und das Nichts symbolisiert, stellt sie alle Möglichkeiten dar. Außerdem möchte sie auf die Wendepunkte des Lebens aufmerksam machen, auf den Beginn des Möglichen. Immer, wenn wir denken, dass das Unmögliche nicht möglich ist, soll uns die 10 daran erinnern, dass alles möglich ist. Alle Möglichkeiten liegen im Meer des Nichts, im Unwissenden, in der Unwissenheit und im Treiben des Flusses des Nichts.

Bei den Pythagoräern war die 10 eine heilige Zahl, denn sie bildet die Summe aus den ersten vier Grundzahlen Anfang 1 + Polarität 2 + Vereinigung 3 + Materialisieren 4 = 10.

Während als die Zahl 9 uns dabei hilft, zu einem neuen Bewusstsein zu gelangen und uns während der Initiation unterstützt, ist die 10 der Weg zur göttlichen Ordnung und der Vollkommenheit. Wenn wir zum Beispiel beten und unsere Hände beim Beten zusammenlegen, begeben wir uns in die göttliche Ordnung zurück.

DIE NUMMER 10

Einweihung – die verborgenen Ängste

Bei der Zahl 10 geht es um die Initiation also um die Einweihung in eine Gemeinschaft oder in einen neuen Seinszustand oder auch einen neuen Bewusstseinszustand. Wir haben verschiedene Bewusstseinszustände und anhand unseres Bewusstseins formen wir unsere Realität.

Ein kleines Beispiel dazu:

Wenn ich im Bewusstseinszustand „Ich sehe das Leben als Feind" schwinge, dann wird mir das Leben in meiner Wahrnehmung auch als Feind begegnen.

Eine Initiation folgt einem Ritus. Die Christen drücken eine Initiation in Form von Taufe oder Konfirmation aus. Bei einer Yogainitiation verpflichtet man sich dazu, ein bestimmtes Mantra immer wieder auszusprechen. Andere wiederum verpflichten sich dazu, in Enthaltsamkeit zu leben. Eine Hochzeit ist ebenfalls eine Initiation. Eines beinhalten alle Initiation und das ist ein Versprechen oder ein Gelübde, was man in dem Moment ablegt.

Initiationen sind Einweihungen in die Mysterien des Seins. Es gibt tatsächlich verschiedene Formen. Meine erste Einweihung in die Mysterien des Seins begann, als ich die Botschaft empfangen durfte, mir meine Haare komplett abzurasieren, was ich tat. Ich hatte das Gefühl, all mein Karma hinter mir zu lassen. Gefühlt führte ich ein „Mönchsleben" inmitten einer Gesellschaft, die das Leben eines Mönchs nicht möglich machte. Jedoch durfte ich mich innerhalb der Gesellschaft in so einem Zustand kennenlernen und ich kann sagen, dass das alles andere als einfach war. Während alle dem Geld hinterher liefen und ums Überleben gekämpft haben, durfte ich mal hier und mal dort hausen. In meinem früheren Leben durfte ich bereits als Mönch leben, jedoch in einer Umgebung, die nur aus Mönchen bestand.

Das Energielevel zu halten, im Bewusstsein „eines Mönchs" zu bleiben, während das Außen so viele Störfaktoren im Energiefeld hatte, war eine große Herausforderung. Ich lernte die Störfelder noch mehr von innen heraus zu beobachten und vor allem beobachtete ich mich in meinem Körper seiend. Selbstverständlich hatte ich, dennoch karmische Belastungen mit mir getragen, auch wenn es sich nicht so anfühlte. Auch wurde ich mit schwarzen Flecken / Blockaden konfrontiert, die es noch aufzulösen gab und dennoch war es anders als zuvor. Ich fühlte, dass sich etwas innerhalb meines ganzen Energiefeldes und meiner Zellen verändert hatte. Nach diesem Ereignis erlebte ich eine erneute Initiation und durfte das, was ich innerhalb dieser Zeit erfuhr, in die irdische Ebene, also in die materielle Ebene einfließen lassen. Das war eine erneute Herausforderung, die für mich nicht so einfach war. Erst dem Materiellen komplett zu entsagen und daraufhin wieder „hierherzukommen", um alles, was ich während meiner Mönchszeit gelernt habe – eigentlich war ich auch eine Art Botschafter und habe viel mit anderen geteilt – auf der Erde zu integrieren beziehungsweise, um alles unter die Menschen zu bringen, denen es bestimmt war, stellte sich als große Aufgabe heraus. Ich traf auf eine Person, die diese neue Phase einleitet und schon ging es wieder ins „System", aber mit einem neuen Bewusstsein.

So fing ich wieder an, zu arbeiten und ging ein paar Schritte mit der Person, die mir dazu verhalf, wieder Fuß auf dieser Erde innerhalb der Gesellschaft zu fassen. Es hat nicht allzu lange gedauert, bis sich unsere Wege teilten und ich wieder eine Initiation erfuhr.

Wie man sieht, können Initiationen unterschiedlich aussehen. Sie müssen nicht unbedingt Rituale haben und gleichzeitig erfährt man doch ein Ritual. Bei mir war es das Abrasieren meiner Haare. Es ist nicht etwas, was ich schon jemals getan habe. Ganz im Gegenteil. Ich habe es zum ersten Mal getan und es war göttlich, mit einem kleinen Touch „Was könnten die anderen denken". Der Satz war mir so bekannt, wie meine Schuhe, jedoch trug ich den Schuh nur noch mit mir, ohne ihn wirklich zu tragen und auf meinem Weg habe ich ihn irgendwo abgelegt. Ich glaube Mutter Erde hat ihn transformiert.

Ängste, die sich bei dir melden könnten, sobald du die Nummer 8 vermehrt siehst:

- Angst, den Absprung nicht zu schaffen
- Angst vor Neuem

Folgende Fragen solltest du dir stellen, sobald du die Nummer 8 häufig siehst:

- An was hältst du noch fest?
- Was verknüpfst du mit Neuem?
- Welche Gefahren siehst du in Neuem?

Wesen, die mit der Nummer 10 in Verbindung stehen:

Erzengel Sandalphon wird der Nummer 10 zugeordnet. Sein Name kommt aus dem Griechischen und bedeutet so viel wie „Mitbrüderlich" oder „Gärtner Gottes". Seine Bezeichnung ist auch oft „Engel des Gebets" oder „Engel der Musik".

Seine Energiequalität überreicht unser Gebet an Gott. Diese Qualität hilft uns dabei, den Seelenpartner zu finden und Träume beziehungsweise Wünsche zu erfüllen. Diese Engel unterstützt die Vergebung und hilft dabei, Herzen zu heilen.

Symbolik der 10

Sie steht aus 10 Punkten, die ein Dreieck formen. Man sagt, dass Gott ein Dreieck ist, somit stellt die 10 mit ihrem Symbol die Vollkommenheit und das Gleichgewicht dar.

Wir denken oft „Einmal ins Gleichgewicht kommen und bloß nicht wieder ins Ungleichgewicht kommen", aber im Gleichgewicht zu sein, beinhaltet oft, aus dem Gleichgewicht zu kommen, wie könnten sich sonst Polaritäten auspendeln und das in ihrer Ganzheit?

Zahlen – Schicksalszahlen – Lebensaufgaben

Jede Zahl bringt eine Lebensaufgabe mit sich. Die Lebensaufgabe ist nicht die Bestimmung, die mit der Berufung gleichzusetzen ist oder mit den Talenten. Eine Lebensaufgabe ist vielmehr eine Aufgabe, eine Meisterschaft, für die wir uns entschieden haben, sie auf die Erde zu bringen, um sie auf der Erde auch zu bewältigen.

Ich gebe dir hier ein kleines Beispiel in Bezug auf den Unterschied zwischen Lebensaufgabe und Bestimmung.

Eine Lebensaufgabe ist es zum Beispiel, sich in Vergebung zu üben. Also geht es darum, diese Energiequalität zu meistern und zu erkennen, dass wir alle Vergebung sind und dass das unsere Natur ist, ohne jegliches schlucken zu müssen oder einfach hinnehmen zu müssen.

Eine Bestimmung dahingehend ist wie ein innerer Ruf. Wenn man plötzlich den Ruf verspürt, eine Reise anzutreten, dann ist es dir bestimmt, zu reisen. Wenn du eine Ausbildung plötzlich immer und immer wieder siehst, dann ist es dir bestimmt, diese Ausbildung auch zu machen. Natürlich geht damit auch deine Lebensaufgabe einher, aber hier sprechen wir tatsächlich vielmehr von deiner Bestimmung.

So können wir anhand unserer Geburtsdatums Schicksalszahlen ausrechnen, die uns dabei helfen, unseren Seelenplan zu verfolgen, in dem unsere Lebensaufgaben integriert sind sowie unsere Bestimmung.

Beispiel:

Angenommen man ist am 11.01.2021 geboren worden, dann berechnet man die Schicksalszahl wie folgt:

1+1+0+1+2+0+2+1 = 8

Tag + Monat + Jahr = Schicksalszahl

Ein weiteres Beispiel wäre:

Geburtsdatum:17.02.1995

Schicksalszahl: 1+7+0+2+1+9+9+5= 34=3+4=7

Bei diesem Beispiel nimmt man nochmal die Quersumme des Ergebnisses, um dann die Schicksalszahl zu bekommen.

Liebe Leserin, lieber Leser,

hat Ihnen dieses Buch gefallen? Wir freuen uns über Ihre Verbesserungsvorschläge, Kritik und Fragen zum Buch.

Die Meinung und Zufriedenheit unserer Leserinnen und Leser ist uns sehr wichtig.

Kontaktieren Sie uns deshalb gerne und schreiben uns eine E-Mail an ***feedback@eulogiaverlag.de***

Wir freuen uns auf Ihre Nachricht.

Herzlichst

Ihr Eulogia Verlags Team

Aurelia

Meine Gedanken machen mich stark: Affirmation und Manifestieren für Kinder – Aurelia entdeckt das Geheimnis für mehr Achtsamkeit, Selbstvertrauen und Glück

Dieses Buch verhilft Ihrem Kind zu mehr Achtsamkeit, Selbstvertrauen und Glück!

Die Geschichte von **Aurelia** und ihrem mystischen Stein wird Ihr Kind von Anfang an mitreißen. Die **wertvollen Lehren** des Werkes werden **spielerisch vermittelt** und Griebel versteht es wie kein Zweiter **auf Augenhöhe** zu kommunizieren, sodass beim Lernen zu keiner Zeit der Lesespaß verloren geht. Unter anderem erfährt Ihr Kind **die Grundlagen der Achtsamkeit, Affirmation und Manifestation**. Diese Eigenschaften sind nicht nur im Kindesalter von unschätzbarem Wert, sondern werden Ihren Nachwuchs **ein Leben lang begleiten und bereichern**.

ISBN: 978-3-96967-287-7

Preis Softcover Ausgabe: 12,99 €; Preis eBook: 9,99 €

Erhältlich auf Amazon und im stationären Buchhandel.

QR-Code zur Amazon Verkaufsseite:

https://www.amazon.de/dp/3969672872

Die 7 Gesetze des Universums

Spirituell neue Wege zum Glück beschreiten durch hermetische Gesetze - Gesetz der Anziehung, Manifestieren, Karma, Resonanz uvm. – Energetische Blockaden erfolgreich lösen

Lerne das immense Potenzial der hermetischen Gesetze kenne

Dieses Werk besticht durch seine exzellente Struktur und ist so einsteigerfreundlich verfasst, dass du selbst ohne jegliche Vorkenntnisse umgehend mit der längst überfälligen Metamorphose beginnen kannst. Du wirst mit größter Sorgfalt und Schritt für Schritt in jedes der 7 hermetischen Gesetze eingeführt. Des Weiteren erhältst du zusätzlich noch weitere wichtige Informationen sowie Methoden und Techniken, um die hermetische Lehre dauerhaft in deinen Alltag integrieren zu können. Erfahre, weshalb das Universum geistig ist und was es unter anderem mit den Gesetzen der Anziehung, des Karmas und der Polaritäten auf sich hat. Denn diese und weitere werden bei dir von nun an für einen bemerkenswerten Lebenswandel sorgen. Begegne Herausforderungen zukünftig gelassen sowie optimistisch und schöpfe endlich dein volles Potenzial aus!

ISBN: 978-3-96967-168-9

Preis Softcover Ausgabe: 12,99 €; Preis eBook: 9,99 €

Erhältlich auf Amazon und im stationären Buchhandel.

QR-Code zur Amazon Verkaufsseite:

https://www.amazon.de/dp/396967168X